AF314610

BULLETIN OFFICIEL

DE

L'ILE DE LA RÉUNION.

(N° 53.)

AOUT 1862.

N° 1202. — *CIRCULAIRE ministérielle relative au rappel de la Circulaire du 26 juin 1855 au sujet du Code de signaux de M. de Reynold-Chauvancy.*

Paris, 22 Février 1862.

Messieurs, par une Circulaire du 26 juin 1855, insérée au *Bulletin officiel* de la Marine de la même année, page 396, mon prédécesseur a rendu obligatoire à bord de tous les navires du commerce naviguant au long-cours et au cabotage le Code de signaux ou de télégraphie nautique inventé par M. de Reynold-Chauvancy.

En vue d'assurer l'exécution de cette mesure, la dite Circulaire a décidé qu'une apostille, portée sur le rôle d'équipage, devrait mentionner que le capitaine du navire est pourvu du Code de signaux en question. Je suis cependant informé que l'absence de cet ouvrage est assez fréquemment constatée à bord des bâtiments du commerce. Il en résulte que ceux-ci se trouvent dans l'impossibilité de répondre aux signaux qui leur sont faits, soit en mer et sur les côtes par les bâtiments de l'État, soit au mouillage en pays français par le service des ports.

Je vous prie, Messieurs, de rappeler aux navigateurs l'obligation qui leur est imposée par la Circulaire du 26 juin 1855, et de tenir la main à son exécution, dont la preuve réside, en premier lieu, dans l'apostille qui doit être d'ailleurs portée au rôle d'équipage. Vous aurez soin de faire remarquer que le système Reynold peut être appliqué soit au moyen de pavillons semblables à ceux dont sont pourvus les bâtiments de l'État, soit à l'aide simplement d'une série de trois signes qui ne coûtent absolument rien, puisque tout navire en possède les éléments indispensables, savoir : un pavillon, un lambeau d'étoffe figurant une flamme et un objet opaque quelconque, tel que ballon, manne, chapeau, etc. Enfin vous ne laisserez pas ignorer aux capitaines des navires que les infractions à l'obligation dont il s'agit les exposent à l'application des peines édictées par l'article 85 du décret-loi disciplinaire et pénal du 24 mars 1852, concernant la marine marchande.

Recevez, etc.

Le Ministre de la Marine et des colonies,
Comte P. DE CHASSELOUP-LAUBAT.

Nº 1203. — *CIRCULAIRE ministérielle aux Préfets maritimes, Chefs du service de la Marine et Commissaires de l'Inscription maritime, relative à l'embarquement des novices et des mousses à bord des navires du commerce. — Notification d'un décret du 15 mars 1862, modificatif de l'article 3 de celui du 23 mars 1852. — Abrogation des prescriptions de la Circulaire du 4 juin 1852.*

Paris, le 24 Mars 1862.

Messieurs,

Vous trouverez reproduit ci-après un rapport

suivi d'un décret, en date du 15 de ce mois, rendu sur ma proposition, et qui modifie les dispositions de l'article 3 de celui du 23 mars 1852, concernant les novices et les mousses, en ce sens que, dorénavant, des novices âgés de moins de dix-huit ans, pourront, *sans justifier d'aucune condition de navigation*, remplacer les mousses à bord de tout bâtiment armé pour le long cours, le cabotage ou les grandes pêches.

Je vous invite, Messieurs, à assurer, chacun en ce qui vous concerne, l'exécution de l'acte que je vous notifie, et à faire mentionner la disposition qu'il consacre en marge de l'article 3 du décret précité du 23 mars 1852.

La modification en question rend désormais sans objet les prescriptions de la circulaire du 4 mai 1852, qui doit conséquemment être considérée comme abrogée.

Recevez, Messieurs, l'assurance de ma considération très distinguée.

Le Ministre Secrétaire d'Etat de la Marine et des colonies,

Comte P. DE CHASSELOUP LAUBAT.

Décret

Du 15 mars 1862.

NAPOLÉON, par la grâce de Dieu et la volonté nationale, Empereur des Français,

A tous présents et à venir, salut.

Vu le décret du 23 mars 1852, concernant les novices et les mousses ;

Sur le rapport de notre Ministre Secrétaire d'État au département de la Marine et des colonies ;

Le Conseil d'amirauté entendu,

Avons décrété et décrétons ce qui suit :

Art. 1er. L'article 3 du décret du 23 mars 1852 ci-dessus visé est abrogé et remplacé par l'article suivant :

« Art. 3. Il pourra être embarqué à bord de tout bâtiment armé pour le long cours, le cabotage ou les grandes pêches, en remplacement des mousses et dans la proportion déterminée par l'art. 2 du présent décret, des novices âgés de moins de dix-huit ans, qui ne seront tenus de justifier d'aucune condition de navigation. »

Art. 2. Notre Ministre Secrétaire d'Etat au département de la Marine et des colonies est chargé, etc.

Fait au Palais des Tuileries, le 15 mars 1862.

NAPOLÉON.

Par l'Empereur :

Le Ministre Secrétaire d'État de la Marine et des colonies,

Comte P. de Chasseloup-Laubat.

N° 1204. — *CIRCULAIRE ministérielle aux Préfets maritimes, Chefs du service maritime et Commissaires de l'Inscription maritime, aux Gouverneurs et Commandants de colonies, Consuls généraux et Consuls de France, contenant des dispositions relatives aux réexpéditions de navires en pays étrangers et au réglement des salaires des équipages en cours de voyage et portant notification de la décision Impériale du 22 mars 1862 en matière de conduite de retour des marins du commerce.*

Paris, le 29 Mars 1862.

Messieurs, vous trouverez ci-après un arrêté par lequel j'ai rendu définitives les dispositions que j'avais prises à titre provisoire, par ma circulaire du 9 juillet 1861 (1), relativement aux réexpéditions de navires en pays étrangers, au réglement des salaires des équipages en cours de voyage et aux paiements partiels à faire aux familles des marins absents.

J'en informe aujourd'hui même les chambres de commerce du littoral (2).

Je joins à la présente dépêche un rapport à l'Empereur, dans lequel j'ai proposé à Sa Majesté de décider que les frais de conduite alloués aux gens de mer pour se rendre dans leurs quartiers seraient, à l'avenir, comme toutes autres conditions de l'engagement, objet de stipulations entre l'armateur et l'équipage.

Désormais donc, ainsi que le porte la décision Impériale, c'est à défaut de stipulation spéciale que l'indemnité de route fixée par le décret du 7 avril 1860 « continuera à être allouée aux gens « de mer naviguant pour le commerce pour se « rendre dans leurs quartiers, lorsqu'ils ne seront « pas ramenés dans le port d'armement du navire « à bord duquel ils étaient embarqués. »

Vous remarquerez que la décision Impériale ne s'applique pas aux autres cas prévus par le décret de 1860.

Recevez, etc.

Le Ministre Secrétaire d'Etat de la
Marine et des colonies,

Comte P. DE CHASSELOUP-LAUBAT.

---

(1) Bulletin officiel de la Marine, page 60.
(2) Circulaire insérée au Bulletin officiel de la Marine, page 245.

ANNEXE.

Arrêté

LE MINISTRE DE LA MARINE
ET DES COLONIES

Arrête :

Art. 1er. A la revue de départ des navires du commerce, le commissaire de l'inscription maritime invitera les hommes de l'équipage à faire connaître la portion de salaires qu'ils entendent déléguer.

2. Les capitaines pourront déléguer telle portion de leurs salaires qu'il leur conviendra. Les délégations des marins portés sur le rôle avec le titre d'officier ne pourront s'élever à plus de la moitié de leurs gages. Les autres hommes de l'équipage ne seront admis à déléguer que le tiers.

Il sera toutefois facultatif de dépasser ces limites avec l'assentiment des armateurs.

Mention de la quotité déléguée sera immédiatement faite sur le rôle d'équipage à l'article de chacun des délégataires.

3. Des délégations ou retenues pour aliments ne pourront être inscrites d'office que dans les cas prévus par les articles 203, 205 et 214 du Code Napoléon.

4. Lorsqu'il sera parvenu dans une colonie française ou dans un port étranger, résidence d'un consul ou d'un vice-consul de France, tout capitaine d'un navire armé au long cours, qui voudra se faire réexpédier pour une colonie française ou pour un port étranger, devra faire régler par l'autorité compétente les salaires des hommes composant son équipage jusqu'au jour où il réclamera son rôle pour reprendre la mer. Il sera tenu de remettre le montant de ces salaires entre les mains

du commissaire de l'inscription maritime, du consul ou du vice-consul, au moyen d'une traite tirée sur son armateur, à l'ordre du trésorier des invalides de la Marine du port d'armement du navire.

Cette traite, accompagnée d'un état nominatif indiquant la répartition à faire des sommes qu'elle représentera, sera directement adressée au Ministre.

Les paiements partiels ainsi effectués seront mentionnés à l'article de chacun des hommes de l'équipage.

Les capitaines pourront d'ailleurs, conformément à l'article 30 de l'ordonnance du 29 octobre 1833, continuer à faire des avances ou à payer des à-comptes aux hommes de leur équipage.

5. Dès que les armateurs auront acquitté les traites tirées sur eux par leurs capitaines, les commissaires de l'inscription maritime assureront le paiement à qui de droit des sommes déléguées. Le résultat des salaires demeurera déposé dans la Caisse des gens de mer, pour être remis aux marins à leur rentrée en France, ou, à défaut, à leurs héritiers ou ayants-droit.

Fait à Paris, le 22 mars 1862.

Comte P. DE CHASSELOUP-LAUBAT.

DÉCISION IMPÉRIALE relative aux frais de conduite des gens de mer naviguant pour le Commerce.

RAPPORT A L'EMPEREUR.

Paris, 22 Mars 1862.

SIRE,

Aux termes de l'article 11 du décret du 7 avril 1860,

« Les gens de mer naviguant pour le commerce
« ont droit à une indemnité de route pour se ren-

« dre dans leurs quartiers, s'ils ne sont pas ra-
« menés dans le port d'armement du navire à
« bord duquel ils étaient embarqués.

« Les gens de mer débarqués hors de France
« et rapatriés, et ceux qui ont été embarqués en
« cours de voyage, peuvent exiger l'indemnité
« de route pour se rendre dans leurs quartiers,
« lors même qu'ils sont ramenés au port d'arme-
« ment.

« Les chirurgiens, subrécargues, cuisiniers,
« domestiques ou agents non inscrits, faisant par-
« tie de l'équipage d'un navire de commerce, ont
« droit à une indemnité de route pour se rendre
« dans le port d'armement du navire, si le navire
« ne les y ramène pas, ou s'ils sont débarqués en
« cours de voyage par une cause indépendante de
« leur volonté. »

Enfin, l'article 12 a déterminé le tarif de l'indemnité allouée, par kilomètre, aux différentes
personnes en faveur desquelles cette indemnité
était stipulée par le décret.

Ces dispositions ont, en ce qui concerne les
gens de mer se rendant dans leurs quartiers,
donné naissance à des réclamations assez vives,
fondées sur ce que, dans bien des cas, les marins
débarqués dans un port autre que celui où le navire avait été armé, trouvaient à se rengager
dans ce port ou dans un port voisin, et qu'ainsi
l'armateur était grevé de frais de conduite qui
n'étaient nullement motivés.

Présentées d'une manière générale, ces prescriptions peuvent, en effet, entraîner des abus,
et imposer à notre marine marchande une charge
assez lourde, et qui n'est pas justifiée.

Je crois donc que ces frais de conduite peuvent,
comme d'autres conditions de l'engagement, être
laissés à la liberté des stipulations entre les armateurs et les gens de mer, et que, pour sauvegar-
der les intérêts sur lesquels l'Etat doit étendre plus

particulièrement sa sollicitude, il suffit de déclarer qu'en l'absence de toute stipulation spéciale, les dispositions du décret du 7 avril continueront à être appliquées.

En conséquence, j'ai l'honneur de proposer à l'Empereur de vouloir bien décider qu'à l'avenir, « *à défaut de stipulation spéciale* dans les enga- « gements relativement aux frais de route pour « se rendre dans leurs quartiers, les gens de mer « naviguant pour le commerce continueront à re- « cevoir les indemnités qui leur sont allouées, « conformément au décret du 7 avril 1860. »

Je suis, Sire, de Votre Majesté, le très-humble et très-obéissant serviteur et sujet.

Le Ministre Secrétaire d'État de la Marine
et des colonies,

Comte P. DE CHASSELOUP-LAUBAT.

Approuvé :

NAPOLÉON.

N° 1205. — *CIRCULAIRE ministérielle relative à l'application du décret-loi du 24 mars 1852. — Peines disciplinaires. — Les marins doivent être admis à présenter leur justification. — Apostilles à consigner sur le livre de punitions.*

Paris, le 7 Avril 1862.

Messieurs, il arrive fréquemment que des marins du commerce sont condamnés, en cours de voyage, sur la plainte de leurs capitaines, soit à une retenue de solde, soit à la prison, la boucle ou le cachot, avec obligation de payer les frais de leur remplacement à bord.

L'exécution de ces peines disciplinaires donne quelquefois lieu, lors du désarmement du navire, à de très vives réclamations de la part des marins contre lesquels elles ont été prononcées. Ils se plaignent d'avoir été punis sans avoir été admis à se défendre, et il en est même qui ont pu établir, par le témoignage de leurs capitaines, qu'ils ne devaient pas les frais de remplacement qu'on prélevait sur leurs salaires, attendu qu'ils n'avaient pas été remplacés.

Afin, Messieurs, de mettre un terme à toute réclamation de ce genre, je vous invite à ne jamais infliger désormais à un marin du commerce l'une des peines applicables aux fautes de discipline énumérées dans l'article 52 du décret-loi du 24 mars 1852, sans entendre la justification qu'il pourrait avoir à présenter. Il sera expressément fait mention de l'accomplissement de cette formalité sur le livre de punitions.

Vous aurez également soin de mentionner sur ce document que le marin condamné à la prison, à la boucle ou au cachot, a été remplacé à bord, afin qu'il ne puisse protester, au désarmement, contre l'application de l'article 59, qui met les frais de remplacement à la charge de l'homme ainsi distrait de son travail.

Recevez, etc.

Le Ministre de la Marine et des colonies,
Comte P. DE CHASSELOUP-LAUBAT.

Nº 1206. — *CIRCULAIRE ministérielle aux Gouverneurs et Commandants des colonies, relative à l'avis immédiat à donner au Ministère, par l'Administration coloniale, des versements effectués par les marins à la Caisse des gens de mer, pour que le montant en soit remis à leur famille en France, et portant prescriptions au sujet du décomptage des salaires, et des procurations souscrites au profit des personnes étrangères à la famille des marins.*

Paris, le 26 Mai 1862.

Messieurs, par une application extensive des dispositions de la Circulaire qui fut adressée aux ports, le 4 avril 1859, sous le timbre *Invalides*, les administrateurs de l'inscription maritime, dans certaines colonies, ont admis les marins à verser entre les mains du Trésorier-payeur, *au titre du service Gens de mer*, les sommes qu'ils désirent faire parvenir à leur famille en France.

En échange des fonds ainsi versés, le Trésorier de la colonie délivre, selon l'usage, un récépissé à talon à la partie, qui s'empresse dès lors de le transmettre, *par la voie la plus prompte*, à sa famille; et il arrive que, lorsque la femme du marin ou son père est en possession de ce titre, on en réclame le paiement immédiat dans le port où se trouve la partie; mais comme, d'un autre côté, les pièces de comptabilité constatant ces sortes de versements sont adressées *par la voie ordinaire*, et qu'elles ne peuvent parvenir aussi promptement au Ministère, où il faut d'ailleurs, après examen, appliquer dans les écritures du Trésorier général des invalides, à Paris, les opérations effectuées pour son compte dans la Colonie, il s'en suit qu'à défaut d'avis, de pièces comptables et de remises de fonds, le Ministère se trouve dans l'impossibilité de satisfaire aux demandes des parties résidant en France.

Afin de prévenir désormais tout retard, et dans des vues bienveillantes pour les familles des marins, j'ai recherché comment on pourrait concilier la célérité du paiement avec les règles de la comptabilité, et il m'a paru que le seul moyen était, sans attendre l'envoi mensuel des pièces comptables, de donner *immédiatement avis au Ministère* du versement *effectué dans la Caisse des gens de mer de la Colonie,* pour le cas spécial dont il s'agit.

Je vous prie, en conséquence, de donner des ordres, tant à l'administration qu'au comptable, pour qu'il me soit adressé , *par la voie la plus rapide*, au fur et à mesure de chaque versement en question, une déclaration de ce versement revêtue de la signature du trésorier, du commissaire de l'inscription maritime et de votre visa, laquelle déclaration servant d'avis, devra contenir les renseignements les plus précis pour qu'en rapprochant cette pièce du récépissé à talon remis à la partie, l'administration centrale des Invalides puisse s'assurer de leur conformité ainsi que de la validité de la créance, et faire procéder au paiement en toute sûreté, sur la présentation des dits titres par le destinataire.

Le comptable aura soin, du reste, d'indiquer sur le récépissé à talon que le montant n'en est payable en France que lorsque l'avis sera parvenu au Ministère.

Je saisis l'occasion qui se présente de traiter de deux points relatifs, l'un au décomptage des salaires des marins du commerce, et l'autre à l'admission des procurations souscrites par des marins en faveur de personnes étrangères à leur famille.

Sur le premier point, il a été remarqué que, dans une de nos colonies, contrairement à ce qui se pratique généralement, on ne comptait pas au marin du commerce débarqué en cours de voyage, *le jour de son débarquement*. C'est là un préjudice causé au marin, et, par suite, à la Caisse des Invalides pour la perception des droits. Désormais, on devra se conformer partout à l'usage établi, d'après lequel, pour les marins du commerce, le jour du débarquement est compris dans le décompte des salaires, à moins que le marin ne trouve un embarquement pour le même jour, sur un autre navire.

Quant aux procurations, vous savez qu'aux termes de l'article 116 de l'instruction générale du 19 décembre 1859, sur la comptabilité de l'établissement des Invalides, l'autorisation du Ministre est nécessaire en France, pour qu'il puisse être procédé au paiement de décomptes de solde et de parts de prises sur l'acquit d'un mandataire *étranger à la famille du mandant*. Comme l'instruction précitée du 19 décembre 1859 est réputée généralement applicable aux colonies, là où il existe des quartiers d'inscription maritime comme en France, on aurait pu se trouver arrêté par le texte de l'article 116 : il faut reconnaître, en effet, que la distance s'oppose à ce que, pour des paiements qui sont réclamés dans les colonies par des mandataires, il en soit référé préalablement au Ministre.

J'admets, en conséquence, que l'Ordonnateur de la Colonie pourra accorder l'autorisation demandée, mais, bien entendu, sur la déclaration qui lui sera faite par le Commissaire de l'inscription maritime, que les dites procurations ne couvrent *aucune cession ni aucun acte interdit par les règlements*. Cette autorisation devra être approuvée par le Gouverneur ; les garanties introduites par la loi pour la sauvegarde de l'intérêt du marin seront donc observées, sans qu'il soit nécessaire de recourir à une autorité éloignée.

Je vous invite à faire toutes les recommandations nécessaires pour assurer l'exécution des dispositions contenues dans la présente circulaire, qui sera communiquée au Contrôle et au trésorier de la Colonie.

Recevez, etc.

*Le Ministre Secrétaire d'Etat de la Marine
et des colonies,*

Comte P. DE CHASSELOUP-LAUBAT.

N° 1207. — *CIRCULAIRE ministérielle relative à la durée des permissions avec solde de présence qui peuvent être accordées aux officiers, employés et divers agents.—Modifications à l'article 46 du décret du 19 octobre 1854.*

Paris, le 16 Juin 1862.

Par décision en date du 4 juin courant, Sa Majesté l'Empereur a bien voulu modifier, ainsi qu'il suit, les dispositions contenues en l'article 46 du décret du 19 octobre 1854, en ce qui concerne *les permissions avec solde de présence* à accorder aux officiers, employés et divers agents du Département de la Marine,

Savoir :

1° Les permissions sont accordées aux officiers, aspirants et employés, par les chefs de service, d'après l'autorisation donnée par l'Autorité supérieure sous les ordres de laquelle ils sont placés.

2° Les permissions ne peuvent être accordées pour plus de trente jours.

Lorsque l'absence doit être d'une plus longue durée, elle ne peut être autorisée que par un congé.

3° L'officier, aspirant ou employé absent par permission, conserve la totalité de son traitement d'après la position dans laquelle il se trouvait au moment de son départ, lorsque la durée totale de l'absence ne s'est pas prolongée au-delà de *trente jours.*

4° Le traitement de l'officier, aspirant ou employé embarqué qui reçoit une permission, est payé au compte du bâtiment au service duquel il continue à être embarqué.

L'insertion au *Bulletin officiel de la Marine* tiendra lieu de notification.

Le Conseiller d'Etat, Directeur du personnel.
Signé LAYRLE.

Nº 1208.— *CIRCULAIRE ministérielle relative aux permissions avec solde de présence, sans accessoires à accorder aux officiers, sous-officiers et soldats des corps de troupes de la Marine.*

Paris, le 16 Juin 1862.

Un décret impérial, en date du 12 avril dernier (*Journal militaire*, page 151) a déterminé les limites dans lesquelles des permissions *avec solde de présence sans accessoires* pourront être accordées aux officiers, sous-officiers et soldats de corps de troupes du Département de la Guerre.

Cette disposition bienveillante ayant paru devoir être étendue aux troupes de la Marine, le Ministre, par décision en date du 4 juin courant, a fixé, ainsi qu'il suit, la durée des permissions qui pourront être délivrées aux militaires des divers corps de troupes du Département,

Savoir:

Par les chefs de corps.............. 4 jours
Par les majors généraux.......... 8 jours
Par les préfets maritimes.... 15 à 30 jours

Pendant la durée de l'absence, les caporaux et soldats verseront à l'ordinaire le montant de la différence existant entre la solde de présence et la solde de congé.

L'insertion au *Bulletin officiel de la Marine* tiendra lieu de notification.

Le Conseiller d'État, Directeur du personnel,

Signé LAYRLE.

Nº 1209. — *ARRÊTÉ qui promulgue quatre Décrets portant application de diverses lois aux colonies.*

Du 29 Août 1862.

NOUS GOUVERNEUR DE L'ILE DE LA RÉUNION,

Vu l'article 9, § 2, du sénatus-consulte du 3 mai 1854;

Vu l'article 65 de l'Ordonnance organique du 21 août 1825;

Vu les dépêches ministérielles des 30 juin et 21 juillet derniers, nᵒˢ 300, 301, 335 et 336;

Sur le rapport du Procureur Général,

AVONS ARRÊTÉ ET ARRÊTONS ce qui suit:

Art. 1ᵉʳ. Sont promulgués dans la Colonie, pour y être exécutés suivant leur forme et teneur:

Les deux décrets du 14 mai 1862 qui rendent applicables aux colonies la loi du 17 juillet 1856 relative aux concordats par abandon et la loi du 17 juillet 1856 sur la suppression de l'arbitrage forcé;

Les deux décrets du 2 juillet 1862 qui rendent également applicables aux colonies la loi du 2 mai 1855 qui modifie celle du 25 mai 1838 sur les justices de paix et la loi du 2 juin 1862 concernant les délais des pourvois devant la Cour de cassation en matière civile.

2. Le Procureur Général est chargé de l'exécution du présent arrêté, qui sera lu, publié et enregistré partout où besoin sera.

Fait à Saint-Denis, le 29 août 1862.

Baron DARRICAU.

Par le Gouverneur:

Le Procureur Général,

JUSTIN BERET.

Enregistré à la Cour Impériale, le 30 août 1862.

Décret

Rendant applicable aux colonies la loi relative aux concordats par abandon.

Du 14 Mai 1862.

NAPOLÉON, par la grâce de Dieu et la volonté nationale, Empereur des Français,

A tous présents et à venir, salut.

Vu les articles 6 et 8 du sénatus-consulte du 3 mai 1854 ;

Vu l'avis du Comité consultatif des colonies en date du 23 avril 1862 ;

Sur le rapport de notre Ministre Secrétaire d'État au département de la Marine et des colonies,

AVONS DÉCRÉTÉ ET DÉCRÉTONS ce qui suit :

Art. 1er. La loi du 17 juillet 1856, relative aux concordats par abandon, est déclarée applicable aux colonies.

2. Notre Ministre Secrétaire d'État au département de la Marine et des colonies est chargé de l'exécution du présent décret, qui sera inséré au *Bulletin des Lois.*

Fait au Palais des Tuileries, le 14 mai 1862.

NAPOLÉON.

Par l'Empereur :

Le Ministre Secrétaire d'État de la Marine et des colonies,

Comte P. DE CHASSELOUP-LAUBAT.

Vu pour l'enregistrement à la Cour Impériale :

Le Gouverneur,

Baron DARRICAU.

Par le Gouverneur :

Le Procureur Général,

JUSTIN BERET.

Loi

Relative aux concordats par abandon.

Du 17 Juillet 1856.

Article unique. L'article 541 du Code de commerce est modifié ainsi qu'il suit :

Art. 541. Aucun débiteur commerçant n'est recevable à demander son admission au bénéfice de cession de biens.

Néanmoins, un concordat par abandon total ou partiel de l'actif du failli peut être formé suivant les règles prescrites par la section II du présent chapitre.

Ce concordat produit les mêmes effets que les autres concordats; il est annulé ou résolu de la même manière.

La liquidation de l'actif abandonné est faite conformément aux paragraphes 2, 3 et 4 de l'article 529, aux articles 532, 533, 534, 535, et 536, et aux paragraphes 1er et 2 de l'article 537.

Le concordat par abandon est assimilé à l'union pour la perception des droits d'enregistrement.

Décret

Qui rend applicable aux colonies la loi sur la sup-pression de l'arbitrage forcé.

Du 14 Mai 1862.

NAPOLÉON, par la grâce de Dieu et la volonté nationale, Empereur des Français,

A tous présents et à venir, salut.

Vu les articles 6 et 8 du sénatus-consulte du 3 mai 1854 ;

Vu l'avis du Comité consultatif des colonies en date du 19 mars 1862 ;

Sur le rapport de notre Ministre Secrétaire d'État au département de la Marine et des colonies,

Avons décrété et décrétons ce qui suit :

Art. 1er. La loi du 17 juillet 1856, sur la suppression de l'arbitrage forcé, est déclarée applicable aux colonies.

2. Notre Ministre Secrétaire d'État au département de la Marine et des colonies est chargé de l'exécution du présent décret, qui sera inséré au *Bulletin des lois*.

Fait au Palais des Tuileries, le 14 mai 1862.

NAPOLÉON.

Par l'Empereur :

Le Ministre Secrétaire d'État de la Marine et des colonies,

Comte P. DE CHASSELOUP-LAUBAT.

Vu pour l'enregistrement à la Cour impériale :

Le Gouverneur,

Baron DARRICAU.

Par le Gouverneur :

Le Procureur Général,

JUSTIN BERET.

Loi

Relative à l'arbitrage forcé.

Du 17 Juillet 1856.

Art. 1er. Les articles 51 à 63 du Code de commerce sont abrogés.

2. L'article 631 du même code est modifié ainsi qu'il suit :

Art. 631. Les tribunaux de commerce connaîtront : 1° des contestations relatives aux engagements et transactions entre négociants, marchands et banquiers ; 2° des contestations entre associés, pour raison d'une société de commerce ; 3° de celles relatives aux actes de commerce entre toutes personnes.

Disposition transitoire.

5. Les procédures commencées avant la promulgation de la présente loi continueront à être instruites et jugées suivant la loi ancienne.

Les procédures seront censées commencées lorsque les arbitres auront été nommés par le Tribunal de commerce, ou choisis par les parties.

Décret

Rendant applicable aux colonies de la Martinique, de la Guadeloupe, de la Réunion, de la Guyane et de l'Inde, la loi du 2 mai 1855, qui modifie celle du 25 mai 1838, sur les justices de paix.

Du 2 Juillet 1862.

NAPOLÉON, par la grâce de Dieu et la volonté nationale, Empereur des Français,

A tous présents et à venir, salut.

Vu les articles 6 et 8 du sénatus-consulte du 3 mai 1854 ;

Sur le rapport de notre Ministre Secrétaire d'État au département de la Marine et des colonies ,

Avons décrété et décrétons ce qui suit :

Art. 1er. La loi du 2 mai 1855, qui modifie celle du 25 mai 1838, sur les justices de paix, est rendue exécutoire dans les colonies de la Martinique, de la Guadeloupe, de la Réunion, de la Guyane et de l'Inde.

2. Notre Ministre Secrétaire d'État au département de la Marine et des colonies est chargé de l'exécution du présent décret, qui sera inséré au *Bulletin des lois.*

Fait à Paris, le 2 juillet 1862.

NAPOLEON.

Par l'Empereur :

*Le Ministre Secrétaire d'Etat de la
Marine et des colonies,*

Comte P. DE CHASSELOUP-LAUBAT.

Vu pour l'enregistrement à la Cour impériale :

Le Gouverneur,

Baron DARRICAU.

Par le Gouverneur :

Le Procureur Général,

JUSTIN BERET.

Loi

*Qui modifie celles des 25 mai 1838 et 20 mai
1854, sur les Justices de paix.*

Du 2 Mai 1855.

. . . .

Art. 1er. L'article 3 de la loi du 25 mai 1838,
modifié par la loi du 20 mai 1854, est remplacé
par la disposition suivante :

Art. 3. Les juges de paix connaissent, sans
appel, jusqu'à la valeur de cent francs, et, à
charge d'appel, à quelque valeur que la demande
puisse s'élever, des actions en paiement de loyers
ou fermages, des congés, des demandes en résili-
ation de baux, fondées sur le seul défaut de
paiement des loyers ou fermages, des expulsions
de lieux et des demandes en validité de saisie-
gagerie, le tout lorsque les locations verbales ou
par écrit n'excèdent pas annuellement quatre
cents francs.

Si le prix du bail consiste en denrées ou prestations en nature appréciables d'après les mercuriales, l'évaluation sera faite sur celle du jour de l'échéance, lorsqu'il s'agira du paiement des fermages. Dans tous les autres cas, elle aura lieu suivant les mercuriales du mois qui aura précédé la demande.

Si le prix principal du bail consiste en prestations non appréciables d'après les mercuriales, ou s'il s'agit de baux à colons partiaires, le juge de paix déterminera la compétence, en prenant pour base du revenu de la propriété le principal de la contribution foncière de l'année courante, multiplié par cinq.

2. L'article 17 de la loi du 25 mai 1838 est modifié ainsi qu'il suit :

Art. 17. Dans toutes les causes, excepté celles qui requièrent célérité, et celles dans lesquelles le défendeur serait domicilié hors du canton ou des cantons de la même ville, il est interdit aux huissiers de donner aucune citation en justice, sans qu'au préalable le juge de paix n'ait appelé les parties devant lui, au moyen d'un avertissement sur papier non timbré, rédigé et délivré par le greffier, au nom et sous la surveillance du juge de paix, et expédié par la poste, sous bande simple, scellée du sceau de la justice de paix avec affranchissement.

A cet effet, il sera tenu par le greffier un registre sur papier non timbré, constatant l'envoi et le résultat des avertissements ; ce registre sera coté et paraphé par le juge de paix. Le greffier recevra pour tout droit et par chaque avertissement une rétribution de vingt-cinq centimes, y compris l'affranchissement, qui sera, dans tous les cas, de dix centimes.

S'il y a conciliation, le juge de paix, sur la demande de l'une des parties, peut dresser procès-verbal des conditions de l'arrangement ; ce procès-verbal aura force d'obligation privée.

Dans les cas qui requièrent célérité, il ne sera remis de citation non précédée d'avertissement qu'en vertu d'une permission donnée sans frais, par le juge de paix, sur l'original de l'exploit.

En cas d'infraction aux dispositions ci-dessus de la part de l'huissier, il supportera sans répétition les frais de l'exploit.

Décret

Décret rendant applicable aux colonies la loi du 2 juin 1862, concernant les délais des pourvois devant la Cour de cassation en matière civile.

Du 2 Juillet 1862.

NAPOLÉON, par la grâce de Dieu et la volonté nationale, Empereur des Français,

A tous présents et à venir, salut.

Vu l'article 8 du sénatus-consulte du 3 mai 1854;

Sur le rapport de notre Ministre Secrétaire d'État au département de la Marine et des colonies,

AVONS DÉCRÉTÉ ET DÉCRÉTONS ce qui suit :

Art. 1er. La loi du 2 juin 1862, concernant les délais des pourvois devant la Cour de cassation, en matière civile, est déclarée applicable aux colonies.

2. Notre Ministre Secrétaire d'État de la Marine et des colonies est chargé de l'exécution du présent décret qui sera inséré au *Bulletin des lois.*

Fait à Paris, le 2 juillet 1862.

NAPOLÉON.

Par l'Empereur :

*Le Ministre Secrétaire d'État de la
Marine et des colonies,*
Comté P. DE CHASSELOUP-LAUBAT.

Vu pour l'enregistrement à la Cour impériale :

Le Gouverneur,

Baron DARRICAU.

Par le Gouverneur :

Le Procureur Général,

JUSTIN BERET.

Loi

Concernant les délais des pourvois devant la Cour de cassation, en matière civile.

Du 2 Juin 1862.

Art. 1er. Le délai pour se pourvoir en cassation sera de deux mois, à compter du jour où la signification de la décision, objet du pourvoi, aura été faite à personne ou à domicile.

A l'égard des jugements et arrêts par défaut qui pourront être déférés à la Cour de cassation, ce délai ne courra qu'à compter du jour où l'opposition ne sera plus recevable.

2. Le demandeur en cassation est tenu de signifier l'arrêt d'admission à personne ou à domicile, dans les deux mois après sa date, sinon il est déchu de son pourvoi envers ceux des défendeurs à qui la signification aurait dû être faite.

3. Le délai pour comparaître sera d'un mois à partir de la signification de l'arrêt d'admission faite à la personne ou au domicile des défendeurs.

4. Les délais fixés par les articles 1 et 3, relativement au pourvoi en cassation et à la comparution des défendeurs, seront augmentés de huit mois en faveur des demandeurs ou défendeurs absents du territoire français de l'Europe ou de l'Algérie, pour cause de service public, et en faveur des gens de mer absents de ce même territoire, pour cause de navigation.

5. Il est ajouté au délai ordinaire du pourvoi, lorsque le demandeur sera domicilié en Corse, en Algérie, dans les îles Britanniques, en Italie, dans le royaume des Pays-Bas et dans les États ou Confédérations limitrophes de la France continentale, un mois ;

S'il est domicilié dans les autres États, soit de l'Europe, soit du littoral de la Méditerranée et de celui de la mer Noire, deux mois ;

S'il est domicilié hors d'Europe, en deçà des détroits de Malacca et de la Sonde, ou en deçà du cap Horn, cinq mois;

S'il est domicilié au delà des détroits de Malacca et de la Sonde, ou au delà du cap Horn, huit mois. Les délais ci-dessus seront doublés pour les pays d'outre mer en cas de guerre maritime.

6. Les mêmes délais sont ajoutés.

1° Au délai ordinaire accordé au demandeur lorsqu'il devra signifier l'arrêt d'admission dans l'un des pays désignés en l'article précédent ·

2° Au délai ordinaire réglé par l'article 5, lorsque les défendeurs domiciliés dans l'un de ces pays devront comparaître sur la signification de l'arrêt d'admission.

7. Lorsque le délai pour la comparution sera expiré sans que le défendeur se soit fait représenter devant la Cour, l'audience ne pourra être poursuivie que sur un certificat du greffier constatant la non-comparution du défendeur.

8. Les arrêts de la chambre des requêtes, contenant autorisation d'assigner en matière de règlement de juges ou de renvoi pour suspicion légitime, seront signifiés dans le mois de leur date aux défendeurs ; sous peine de déchéance, les défendeurs devront comparaître dans le délai fixé par l'article 3. Néanmoins, ces délais pourront être réduits ou augmentés suivant les circonstances par l'arrêt portant permission d'assigner.

9. Tous les délais ci-dessus énoncés seront francs ; si le dernier jour du délai est un jour férié, le délai sera prorogé au lendemain. Les mois seront comptés suivant le calendrier grégorien.

10. Il n'est pas dérogé aux lois spéciales qui régissent les pourvois en matière électorale et d'expropriation pour cause d'utilité publique.

11. Sont abrogés, dans leurs dispositions contraires à la présente loi, l'ordonnance d'août 1737, le règlement du 28 juin 1738, les lois du 27 novembre 1790, 2 septembre 1793, 1ᵉʳ frimaire an II, 11 juin 1859, et autres lois relatives à la procédure, en matière civile devant la Cour de cassation.

Nº 1210. — *ARRÊTÉ qui promulgue à la Réunion le décret du 4 juin 1862 qui fixe dans la Colonie le nombre des courtiers, agents de change, etc.*

Du 8 Août 1862.

Nous Gouverneur de l'ile de la Réunion,

Vu l'article 9 du sénatus-consulte du 3 mai 1854, qui règle la constitution des colonies ;

Vu la dépêche ministérielle en date du 12 juin 1862, nº 250 ;

Sur le rapport du Directeur de l'intérieur.

Avons arrêté et arrêtons :

Art. 1ᵉʳ. Est promulgué à la Réunion le décret du 4 juin 1862, qui fixe dans la Colonie le nombre des courtiers agents de change, courtiers en marchandises, courtiers interprêtes et conducteurs de navires, et courtiers d'assurances.

2. Le Directeur de l'intérieur est chargé de l'exécution du présent arrêté, qui sera publié,

enregistré où besoin sera et déposé au Contrôle colonial.

Saint-Denis, le 8 août 1862.

Baron DARRICAU.

Par le Gouverneur:

Le Directeur de l'Intérieur,
CH. DE LAGRANGE.

Le Procureur Général,
JUSTIN BERET.

Enregistré à la Cour le 9 août 1862.

Décret

NAPOLÉON, par la grâce de Dieu et la volonté nationale, Empereur des Français,

A tous présents et à venir, salut.

Vu le rapport de notre Ministre Secrétaire d'Etat au département de la Marine et des colonies;

Vu l'article 6 du sénatus-consulte du 3 mai 1854;

Vu la loi du 7 décembre 1850 relative à la promulgation du Code de commerce dans les colonies:

Vu l'avis du Comité consultatif des colonies en date du 18 décembre 1861 ;

Notre Conseil d'Etat entendu,

AVONS DÉCRÉTÉ ET DÉCRÉTONS ce qui suit :

Art. 1er. Le nombre des agents de change, des courtiers de marchandises, des courtiers interprêtes et conducteurs de navires, et des courtiers d'assurances, est fixé, dans l'île de la Réunion, à dix-sept, savoir :

Pour Saint-Denis, Sainte-Marie, Ste-Suzanne et Saint-André :

Agents de change, courtiers en marchandises, courtiers interprêtes et conducteurs de navi-

res...................................... 8
Courtier d'assurances.................... 1
  Pour Saint-Leu, Saint-Louis, Saint-Pierre,
    Saint-Joseph et Saint-Philippe :
Agents de change, courtiers en marchandises,
  courtiers interprêtes et conducteurs de na-
  vires.................................... 3
Courtier d'assurances.................... 1
    Pour Saint-Paul :
Agents de change, courtiers en marchandises,
  courtiers interprêtes et conducteurs de na-
  vires.................................... 2
Courtier d'assurances.................... 1
    Pour Saint-Benoît et Sainte-Rose :
Agent de change, courtier en marchandises,
  courtier interprête et conducteur de navires.................................... 2

Ces agents sont nommés par le Ministre de la Marine et des colonies et révocables par lui.

Dans le cas où parmi les courtiers régulièrement institués il ne se trouverait pas d'interprête ou de traducteur, le Gouverneur de la Colonie pourra commissionner des interprêtes ou traducteurs suppléants.

2. Notre Ministre Secrétaire d'État au département de la Marine et des colonies est chargé de l'exécution du présent décret, qui sera inséré au *Bulletin des lois.*

Fait à Paris, le 4 juin 1862.

NAPOLÉON

Par l'Empereur :

Le Ministre de la Marine et des colonies,

Comte P. DE CHASSELOUP-LAUBAT.

Nº 1211. — *CIRCULAIRE ministérielle relative aux officiers d'état-major de l'Infanterie de Marine, lesquels doivent être portés sur les états périodiques.*

Paris, le 2 Juillet 1862.

Monsieur le Gouverneur,

Plusieurs administrations coloniales ne produisent pas toujours d'états de mutations des officiers d'état-major des troupes de la Marine détachées dans nos différentes colonies.

Pour suppléer à cette lacune, et pour diminuer même le nombre des états périodiques à fournir, je vous invite à faire ajouter à la suite des états de mutations du détachement d'Infanterie de Marine en station dans la Colonie, les officiers de l'état-major de cette armé qui sont employés à la Réunion.

Les officiers d'état-major et employés militaires d'Artillerie de la Marine seront également portés sur l'état de situation du détachement d'Artillerie.

Recevez, etc.

Le Ministre de la Marine et des colonies,

Pour le Ministre et par son ordre :

Le Conseiller d'État, Directeur du personnel,

LAYRLE.

Nº 1212. — *ARRÊTÉ de promulgation du Décret du 2 juillet 1862 qui pourvoit à divers emplois dans la magistrature locale.*

Du 29 Août 1862.

Nous Gouverneur de l'Ile de la Réunion,

Vu l'article 9, § 2, du sénatus-consulte du 3 mai 1854 ;

Vu l'article 65 de l'ordonnance organique du 21 août 1825 ;

Vu la dépêche ministérielle du 10 juillet dernier, numérotée 312, et notre arrêté du 8 du même mois ;

Sur le rapport du Procureur général,

Avons arrêté et arrêtons ce qui suit :

Art. 1er. Est promulgué dans la Colonie le Décret du 2 juillet 1832 qui pourvoit à divers emplois dans la magistrature locale.

Toutefois, continueront d'occuper, à titre provisoire, M. Bert, les fonctions de Procureur impérial à Saint-Pierre ; M. Bourette, celles de juge-d'instruction à Saint-Denis ; et M. Dugand, celles de juge au Tribunal de première instance de Saint-Pierre.

Art. 2. Le Procureur général et l'Ordonnateur sont chargés, chacun en ce qui le concerne, de l'exécution du présent arrêté, qui sera lu, publié et enregistré partout où besoin sera.

Fait à Saint-Denis, le 28 août 1862.

Baron DARRICAU.

Par le Gouverneur :

Le Procureur Général,
JUSTIN BERET.

Enregistré à la Cour Impériale le 29 août 1862.

Décret

NAPOLÉON , par la grâce de Dieu et la volonté nationale, Empereur des Français,

A tous présents et à venir , salut.

Sur le rapport de notre Ministre Secrétaire d'Etat au Département de la Marine et des colonie et de notre Garde des sceaux, Ministre Secrétaire d'Etat au Département de la Justice,

Avons décrété et décrétons ce qui suit :

Art. 1er. Sont nommés :

Conseiller à la Cour impériale de la Réunion, M. Marhotin , conseiller à la Cour impériale de Pondichéry , — emploi créé ;

Juge d'instruction au Tribunal de première instance de Saint-Denis (Réunion), M. Grilhaut Desfontaines , conseiller-auditeur à la Cour impériale de la Martinique, en remplacement de M. Sully de Leiris, admis, sur sa demande , à faire valoir ses droits à la retraite ;

Juge au Tribunal de première instance de Saint-Denis (Réunion), M. Eourette, ancien juge au Tribunal de première instance de Mayotte, en remplacement de M. Hadez , précédemment nommé juge au Tribunal de première instance de Grasse ;

Conseiller-auditeur à la Cour impériale de la Réunion , M. Bert , substitut du Procureur impérial près le Tribunal de première instance de Saint-Pierre (Réunion), en remplacement de M. Legras, précédemment nommé conseiller à la même Cour ;

Substitut du Procureur impérial près le Tribunal de première instance de Saint-Pierre (Réunion), M. Dugand, deuxième substitut du Procureur impérial près le Tribunal de première instance de Saint-Denis, en remplacement de M. Bert, nommé conseiller-auditeur à la Cour impériale de la Réunion.

2. Notre Ministre Secrétaire d'État de la Marine et des colonies et notre Garde des sceaux, Ministre Secrétaire d'État de la Justice, sont chargés, chacun en ce qui le concerne, de l'exécution du présent décret.

Fait à Paris, le 2 juillet 1862.

NAPOLÉON.

Par l'Empereur :

Le Ministre Secrétaire d'État de la Marine et des colonies,

Comte P. DE CHASSELOUP-LAUBAT.

Le Garde des sceaux, Ministre secrétaire d'État de la Justice,

DELANGLE.

N° 1215. — *DÉPÊCHE ministérielle relative à la promulgation et à la publication des lois, décrets et arrêtés.*

Paris, le 24 juillet 1862.

Monsieur le Gouverneur,

Par vos lettres du 6 avril et du 6 mai derniers, vous m'avez fait connaître qu'un différend s'était élevé entre l'Ordonnateur et le Procureur Général de la Réunion, sur la question de savoir si, depuis le 15 janvier 1855, la lecture à l'audience publique de la Cour Impériale, et l'enregistrement au Greffe étaient encore des formalités obligatoires pour la promulgation et la publication des lois, décrets et arrêtés dans cette Colonie; vous m'avez en même temps prié de prendre une décision interprétative qui mette un terme à ce conflit d'attributions.

M. l'Ordonnateur pense que l'enregistrement

n'est plus obligatoire parce que, selon lui, cette
formalité se trouverait virtuellement remplacée
aux termes de l'art. 5 du décret précité, par la
publication dans le *Journal Officiel* de la Colonie, publication opérée par les soins du chef
d'administration qui a contre-signé l'acte à
mettre en vigueur.

M. le Procureur Général, au contraire, sou-
tient que ce décret n'a pas modifié le mode de
promulgation et de publication établi, et qu'il a
eu pour objet uniquement de déterminer le moment à partir duquel les lois, décrets et arrêtés,
promulgués régulièrement dans la Colonie, y seraient exécutoires.

Je partage entièrement, Monsieur le Gouverneur, l'avis de M. le Procureur Général et en
cela je suis d'accord avec M. le Ministre de la
Justice que j'ai consulté à cet effet. Les termes
du rapport de M. Ducos, mon prédécesseur, à
la suite duquel est intervenu le décret de 1855,
ne paraissent laisser aucun doute sur la légalité
de cette interprétation.

L'article 5 de ce décret a pour objet de régler
les délais dans lesquels, *suivant le mode de promulgation* usité dans chaque Colonie, les actes
promulgués doivent être considérés comme exécutoires. Or, avant ce décret, la promulgation
et la publication des lois, décrets et arrêtés, à
la Réunion, résultaient de l'accomplissement
de trois formalités: lecture en l'audience publique de la Cour Impériale, enregistrement au
greffe, insertion au *Bulletin officiel*; la lecture
et l'enregistrement devaient précéder l'insertion au Bulletin (arrêtés du 1er brumaire an
XIV, 1er juillet 1817, 5 décembre 1827 et 1er
avril 1837, ordonnances des 21 août 1825 et 22
août 1835).

Non seulement aucune de ces formalités n'a
été abrogée par ce décret, mais il résulte, au

contraire, des termes du rapport comme de ceux du décret, qu'on n'a voulu rien changer au mode de promulgation antérieurement suivi ; il faut donc reconnaître, que la lecture en l'audience publique de la Cour Impériale et l'enregistrement au Greffe sont encore, dans l'état actuel de la législation, des formalités obligatoires pour la publication des lois, décrets et arrêtés à la Réunion.

S'il vous paraît utile d'abandonner des formes qui semblent aujourd'hui trop compliquées, pour revenir au mode plus simple en usage dans la Métropole, vous aurez à en faire l'objet d'une proposition spéciale à mon Département.

Recevez, etc.

Le Ministre Secrétaire d'État de la Marine et des colonies,

Comte P. DE CHASSELOUP-LAUBAT.

N° 1214. — *DÉPÊCHE ministérielle relative à la rétribution de 15 francs par 100 francs, revenant au trésorier de la Colonie dans les liquidations de sauvetage des navires naufragés.*

Paris, le 23 Juillet 1862.

Monsieur le Gouverneur,

J'ai reçu le 9 de ce mois votre lettre du 10 juin dernier annonçant l'envoi au Département de la Marine par le transport le *Rhin*, qui effectue en ce moment son retour en France, d'un dossier contenant la liquidation de sauvetage du trois-mâts le *Saint-Vincent-de-Paul*, naufragé à Mahéla (côte de Madagascar) le 28 février 1860.

Sans attendre la réception de ces documents je réponds à la question posée dans cette lettre, de savoir s'il y a lieu de faire payer à M. le Trésorier Vevrières la rétribution de 15 francs par 100 francs dont le cumul avec la remise générale des 5 °/₀ laisse quelque doute dans la Colonie.

La solution sur ce point est indiquée par l'article 73 de l'instruction générale du 19 du mois de décembre 1859, sur la comptabilité de l'établissement des Invalides, article portant que la rétribution dont il s'agit ne revient pas au trésorier du port d'armement d'un navire qui aurait fait naufrage à l'étranger ou dans les colonies françaises ; dans ce cas, y est-il dit, c'est à la Chancellerie du Consulat ou au trésorier de la colonie où s'est effectué le sauvetage, que doit être payée l'indemnité en question.

Recevez, etc.

Le Ministre Secrétaire d'Etat de la Marine et des colonies,

Comte P. de CHASSELOUP-LAUBAT.

Nº 1215. — *DÉPÊCHE ministérielle relative aux correspondances que se livrent en transit les bureaux de poste de Maurice et de la Réunion.*

Paris, le **26 Juillet 1862.**

Monsieur le Gouverneur,

Pour faire suite à ma dépêche du **26 juin** dernier, j'ai l'honneur de vous adresser ci-joint une copie de la réponse que m'a faite M. le Directeur général des postes au sujet de la dissidence d'opinions qui s'est élevée sur une question de taxe pour port de lettres entre le service des postes de la Réunion et celui de Maurice.

Ainsi que le fait remarquer M. le Directeur général, l'Administration de l'île Maurice a la plupart du temps à payer pour ces lettres des taxes que n'a point ordinairement à acquitter la Réunion.

Elle est également en droit de réclamer une

taxe de transit ; et cela a pour elle d'autant plus
d'intérêt qu'un grand nombre de lettres sont ache-
minées à la Réunion par son intermédiaire ; les
correspondances pour Maurice dirigées en transit
par la Réunion ne sont pas assez nombreuses pour
justifier parfaitement une demande de gratuité
par voie de réciprocité.

Par ces motifs, je ne crois point que la Colonie
anglaise consente à livrer gratuitement les correspondances destinées à la Réunion. Je vous autorise d'ailleurs à vous entendre à cet égard avec
le Gouvernement de Maurice, et à conclure même
telle convention particulière qui vous paraîtra
convenable pour régler sur une base équitable et
réciproque le prix des correspondances que se livrent les Offices des deux colonies en dehors de
toute intervention de l'Administration métropo-
litaine.

Recevez, etc.

Le Ministre de la Marine et des colonies,

Comte P. DE CHASSELOUP-LAUBAT.

Nº 1216. — ARRÊTÉ concernant la célébration de
la fête du 15 août.

Du 1er Août 1862.

Nous Gouverneur de l'Ile de la Réunion,

Vu l'article 9 du sénatus-consulte du 3 mai
1854 qui règle la constitution des colonies;

Vu le décret du 16 février 1852 disposant que
l'anniversaire du 15 août sera seul reconnu et cé-
lébré comme fête nationale;

Sur le rapport du Directeur de l'intérieur,

Avons arrêté et arrêtons:

Art. 1er. Le 15 août 1862, anniversaire de la
naissance de l'Empereur Napoléon 1er, le pavillon
national sera arboré sur les places et les princi-
paux édifices publics, ainsi que sur les bâtiments
de l'Etat et du commerce qui se trouveront sur
les rades de la Colonie.

Les bâtiments de l'Etat seront pavoisés.

Les Corps constitués assisteront au *Te Deum*
qui sera chanté dans toutes les paroisses.

Les sous-officiers et les soldats présents sous
les armes recevront une double ration de vin.

Il sera distribué aux prisonniers une ration de
viande fraîche.

2. Les Chefs d'administration sont chargés,
chacun en ce qui le concerne, de l'exécution du
présent arrêté, qui sera publié et inséré au *Bulletin
officiel* de la Colonie.

Saint-Denis, le 1er août 1862.

Baron DARRICAU.

Par le Gouverneur:

Le Directeur de l'Intérieur,
Ch DE LAGRANGE.

Programme

*Pour la célébration de la fête nationale du 15
août 1862.*

Le 14 août 1862, au coucher du soleil, une
salve de 21 coups de canon annoncera la fête anniversaire de la naissance de l'Empereur Napoléon
Ier tant au chef-lieu que dans les communes qui
ont au moins 2 pièces de canon.

Les bâtiments de l'État qui se trouveront sur
rade feront la même salve que la terre.

Le 15 août, au lever du soleil, les salves faites la
veille seront répétées.

A 8 heures 3/4 du matin, le Gouverneur passera la revue du bataillon des milices de Saint-Denis
et des troupes de la garnison.

A 9 heures 3/4 les Autorités et les fonction-
naires publics assisteront au *Te Deum* qui sera
chanté à la Cathédrale.

Pendant le *Te Deum*, il sera fait une salve de
21 coups de canon.

Le cortége sera formé suivant l'ordre des pré-
séances.

La Cour Impériale marchera immédiatement
après les membres du Gouvernement. Une escor-
te d'honneur accompagnera le Gouverneur à la
Cathédrale et le reconduira à son hôtel.

Des jeux publics seront organisés aux lieux
qui seront désignés à cet effet par l'Administration
municipale.

Les salves faites le matin seront répétées au
coucher du soleil; les pavillons et les pavois seront amenés.

Un feu d'artifice sera tiré à 8 heures du soir
sur la place du Gouvernement.

La fête nationale du 15 août sera célébrée dans
les communes avec toute la pompe dont il sera
possible de l'entourer.

Conformément à l'arrêté en date de ce jour les

Autorités civiles et militaires assisteront au *Te Deum* qui sera chanté dans chacune des paroisses de l'Ile.

Saint-Denis, le 1er août 1862.

Baron DARRICAU.

Par le Gouverneur :

Le Directeur de l'Intérieur,
CH. DE LAGRANGE.

N° 1217. — *ARRÊTÉ portant fixation du prix de l'emploi, par les divers services publics, du cheval de selle attaché au service des transports de la Direction d'Artillerie à St-Denis.*

Du 1er Août 1862.

Nous Gouverneur de l'Ile de la Réunion,

Vu les circulaires ministérielles des 15 février 1850, n° 50, 25 mars 1859, n° 45, et les arrêtés des 2 octobre de la même année, 9 juillet 1851 et 27 décembre 1851 et 27 décembre 1859, par lesquels a été réglé l'emploi, par les divers services publics de la Colonie, des mulets et voitures composant le service des transports de la Direction d'Artillerie ;

Ayant à prendre des dispositions analogues en ce qui concerne le cheval de selle attaché au même service, par ordre ministériel ;

Sur le rapport de l'Ordonnateur,

Avons arrêté et arrêtons ce qui suit :

Art. 1er. Le cheval de selle attaché au service des transports de la Direction d'Artillerie à St-Denis, pourra être employé par les divers services publics de la Colonie, à charge par ceux-ci de remboursement au crédit de l'Artillerie de la dépense d'entretien de cet animal.

2. Le prix d'emploi du dit cheval, d'après les baux établis pour les mules aux arrêtés du 9 octobre 1859, et du 9 juillet 1851, et sans limite, quant aux distances à parcourir dans la ville de Saint-Denis ou extérieurement, est fixé ainsi qu'il suit :

Par journée entière, comprenant de 6 à 10 heures de travail. . . . . 5 f.

Par fraction de journée au-dessus de 6 heures de travail. 3

3. Comme pour les mulets et voitures de l'Artillerie, le cheval de selle ne sera remis aux divers services publics qui l'emploieront, qu'en vertu de demandes approuvées par l'Ordonnateur, enregistrées par le Commissaire des travaux, et portant indication du service auquel incombera le remboursement.

Lorsqu'il s'agira d'un service permanent devant durer un certain nombre de jours consécutifs, il sera procédé, soit par demandes collectives établies à l'avance, soit, s'il y a urgence, par bons à convertir en demandes régulières.

4. L'emploi du cheval de selle de la Direction d'Artillerie, autrement que pour des services publics, est interdit.

5. L'Ordonnateur est chargé de l'exécution du présent arrêté, qui sera enregistré partout où besoin sera et inséré dans le *Bulletin officiel* de la Réunion.

Saint-Denis, le 1er août 1862.

Baron DARRICAU.

Par le Gouverneur :

L'Ordonnateur,

DESMAZES.

N° 1218. — *ARRÊTE qui charge le Capitaine de Port, à Saint-Denis, de provoquer et de surveiller l'exécution de l'article 6 du cahier des charges du procès-verbal d'adjudication précité du 28 janvier 1850.*

Du 2 Août 1862.

L'Ordonnateur et le Directeur de l'Intérieur,

Vu les articles 86, § 21, et 104, § 14, de l'ordonnance du 21 août 1825 et l'article 3 du décret du 29 août 1855;

Vu l'article 6 du cahier des charges annexé au procès-verbal de location du pont débarcadère dit de Labourdonnais, en date du 28 janvier 1850 ;

Vu l'article 6, n° 3, de l'arrêté du 12 mai 1852;

Vu le rapport du Chef du service des Domaines,

Décident :

Art. 1er. Le Capitaine de Port, à Saint-Denis, est chargé de provoquer et de surveiller l'exécution de l'article 6 du cahier des charges du procès-verbal d'adjudication précité du 28 janvier 1850, et il aura à cet effet la faculté de demander à l'Ingénieur en Chef des ponts-et-chaussées l'adjonction d'un agent de ce service pour procéder à toutes les constatations jugées nécessaires.

2. Il sera dressé, chaque année, par le Capitaine de Port, un procès-verbal constatant l'accomplissement des travaux d'entretien qui sont à la charge de la société de batelage.

En cas d'infraction aux conditions imposées à cette société, il en sera également dressé procès-verbal.

Ces procès-verbaux seront transmis par le Capitaine de Port à l'Ordonnateur qui les fera parvenir au Directeur de l'Intérieur.

Saint-Denis, le 2 août 1862.

L'Ordonnateur,
DESMAZES.

Le Directeur de l'Intérieur,
CH. DE LAGRANGE.

Nº 1219. — *ARRÊTÉ qui concède la propriété définitive de diverses portions de terrain de la plaine de Cilaos.*

Du 12 Août 1862.

Nous Gouverneur de l'île de la Réunion,

Vu la requête présentée le 7 juillet 1859 par divers habitants de Cilaos, pour obtenir la concession définitive et gratuite des terres qu'ils détiennent dans la localité connue sous la désignation de l'îlet de Piterboot, et dont l'occupation remonte à plus de trente ans ;

Considérant que les exposants sont établis depuis de longues années sur les terrains dont il s'agit, qu'ils ont défrichés et mis en valeur;

Qu'ils sont tous pères de famille et n'ont, pour subsister, d'autres ressources que le produit de leurs cultures ;

Que dans l'intérêt de ces cultivateurs pauvres et laborieux, et pour favoriser l'extension si désirable de la petite culture dans les cirques de l'intérieur, il est urgent de régulariser la position des requérants, en leur accordant la faveur qu'ils sollicitent ;

Vu l'article 1er du décret colonial du 2 septembre 1840, ensemble les articles 21 et suivants du décret colonial en date du 5 août 1839;

Sur la proposition du Directeur de l'intérieur,

Le Conseil privé entendu,

Avons arrêté et arrêtons ce qui suit :

Art. 1er. Sont déclarés propriétaires définitifs, à titre gratuit, des terres qu'ils détiennent dans la localité dite de Piterboot, cirque de Cilaos, les habitants dont les noms suivent, où à défaut leurs héritiers ou ayants-droit:

 Morel (Jean-Baptiste),
 Payet (Louis-Marie),
 Payet (Louis-Noël),

Payet (Paul-Delcy),
Hoareau (Ferdinand-Henri),
Técher (Etienne).

La part afférente à chacun d'eux dans la répartition des terres de l'îlet Piterboot, est réglée comme suit, conformément au plan des lieux ci-annexé:

A Jean-Baptiste Morel, quatre terrains détachés distingués au plan par la lettre A et offrant ensemble une superficie de 9 hectares 32 ares 50 centiares;

A Louis-Marie Payet fils, quinze terrains distincts, à la lettre B, superficie totale: 14 hectares 98 ares 25 centiares;

A Louis-Noël Payet un terrain à la lettre C, d'une superficie de 1 hectare 58 ares 75 centiares;

A Paul-Delcy Payet, cinq terrains à la lettre D, offrant ensemble une superficie de 7 hectares 46 ares 50 centiares;

A Ferdinand-Henri Hoareau, trois terrains à la lettre E, superficie totale: 4 hectares 39 ares;

Enfin, à Etienne Técher, la propriété de deux terrains à la lettre F, offrant ensemble une superficie de 1 hectare 60 ares.

2. Tous les droits inhérents à la qualité de propriétaire qui leur est ici conférée, les concessionnaires sus-dits les exerceront sur les terrains désignés ci-dessus, à l'exception, cependant, des mornes, des pitons et des pentes dont l'inclinaison est de plus de 45 degrés, qui restent propriété domaniale, et en outre sous la condition qu'ils ne pourront, sous aucun prétexte ou pour quelque cause que ce soit, intenter d'action récursoire contre l'Administration qui ne fait que leur abandonner purement et simplement, sans aucune espèce de garantie, les droits qu'elle pouvait avoir sur les dits terrains, sauf à eux à les faire valoir à leurs risques et périls.

Sont encore expressément réservés comme propriété domaniale, les rivières, les cours d'eau et les remparts d'encaissement avec une largeur de dix mètres sur la crête de ces remparts.

3. Les dispositions contenues aux articles 7 et 9 du décret colonial du 2 septembre 1840, concernant les terres du domaine à Cilaos, sont obligatoires pour les concessionnaires de Piterboot.

4. Le Directeur de l'intérieur est chargé de l'exécution du présent arrêté, qui sera publié et enregistré partout où besoin sera.

Saint-Denis, le 12 août 1862.

Baron DARRICAU.

Par le Gouverneur :

Le Directeur de l'Intérieur,

Ch. de Lagrange.

N° 1220. — Par arrêté du Gouverneur, en date du 14 août 1862, il est accordé à M. Elie Hoareau un permis d'établir sur un terrain dépendant des pas géométriques de la commune de Saint-Joseph, situé au lieu dit Langevin, à la base de sa propriété.

N° 1221. — *ARRÊTÉ qui autorise un prélèvement de 200,000 francs sur la caisse de réserve.*

Du 19 Août 1862.

Nous Gouverneur de l'ile de la Réunion,

Vu l'article 9 du sénatus-consulte du 3 mai 1854, réglant la constitution des colonies ;

Vu le décret du 29 août 1855 modificatif de

l'organisation du gouvernement des colonies ;

Vu les articles 44, 45 et 60 du décret du 26 septembre 1855 , portant règlement sur le régime financier des colonies ;

Vu le budget des dépenses du service local pour 1862 , voté par le Conseil général dans sa séance du 25 décembre 1861 , et arrêté par nous en séance du Conseil privé du 28 du dit mois ;

Considérant que la rentrée de certains produits du budget local ayant subi des retards inévitables, les recettes effectuées ne peuvent en ce moment suffire à solder les dépenses reconnues nécessaires ;

Considérant que la situation de la caisse de réserve permet d'obvier à cet inconvénient momentané ;

Sur la proposition du Directeur de l'intérieur ,
De l'avis du Conseil privé ,

Avons arrêté et arrêtons :

Art. 1er. Un prélèvement temporaire d'une somme de 200,000 francs est autorisé sur les fonds de la caisse de réserve pour subvenir aux dépenses de l'exercice 1862 ; cette somme, qui sera portée en recette au service local de l'exercice 1862 — Chapitre 5 — Produits divers, art. 28—Recettes diverses—sera réintégrée à la dite caisse aussitôt que la situation le permettra.

2. Le Directeur de l'intérieur est chargé de l'exécution du présent arrêté qui sera notifié au trésorier payeur, enregistré partout où besoin sera et déposé au Contrôle colonial.

Saint-Denis, le 19 août 1862.

Baron DARRICAU.

Par le Gouverneur :

Le Directeur de l'Intérieur ,

CH. DE LAGRANGE.

N° 1222. — *ARRÊTÉ relatif à la Société de Crédit Agricole.*

Du 19 Août 1862.

Nous Gouverneur de l'ile de la Réunion,

Vu l'art. 9 du sénatus-consulte du 3 mai 1854;

Vu la dépêche ministérielle du 26 juillet 1862, n° 349;

Vu le contrat passé entre l'Administration et la Société de Crédit Agricole fondée à Saint-Denis sous la raison sociale Jules Moreau et Cᵉ, lequel a été approuvé par nous en séance du Conseil privé à la date de ce jour;

Avons arrêté et arrêtons:

Art. 1ᵉʳ. La société Jules Moreau et Cᵉ, dite Société de Crédit Agricole, est chargée, en vertu du contrat passé entre elle et l'Administration, lequel demeure annexé au présent arrêté, de pourvoir à tous les détails relatifs au service de l'immigration spécifiés dans le contrat susdit.

2. La Société de Crédit Agricole aura en conséquence à payer aux adjudicataires du transport des convois d'immigrants toutes les sommes qui leur seront dues en exécution de leur marché.

3. Elle prendra en outre à sa charge, sous le contrôle direct de l'Administration:

1° Les frais des visites sanitaires à bord des navires chargés d'immigrants;

2° Le débarquement des immigrants;

3° La solde de tout le personnel employé aux Lazarets;

4° La fourniture et l'entretien du matériel des dits Lazarets;

5° La fourniture des vivres de toute nature et des vêtements dus aux immigrants;

6° Les frais de route des agents de la force publique chargés d'accompagner les immigrants des Lazarets à Saint-Denis ;

7° Les frais de transport de ceux qui, ne pouvant venir par terre, effectuent leur retour par mer ;

8° Les frais de toute nature occasionnés par le séjour des immigrants aux lieux d'isolement;

9° Les frais d'hôpital des malades dirigés des Lazarets ou des lieux d'isolement sur l'hôpital colonial ;

10° Tous les menus frais occasionnés par la visite, la répartition et la livraison des contingents d'immigrants.

4. La Société recevra le prix de cession des contrats, lequel sera arrêté pour chaque convoi par l'Administration sur les documents fournis par la Société;

La livraison des engagés ne sera opérée entre les mains des engagistes qu'autant que ceux-ci exhiberont le Bon à délivrer de la Société.

5. Il n'est rien changé par le présent arrêté aux dispositions de l'arrêté du 30 août 1860 qui règle aujourd'hui les demandes de travailleurs à adresser à l'Administration ;

Sont et demeurent également maintenues toutes les dispositions actuellement en vigueur, concernant le séjour des immigrants aux Lazarets et aux lieux d'isolement, notamment celles de l'arrêté du 12 novembre 1861.

6. Le Directeur de l'intérieur est chargé de l'exécution du présent arrêté, qui sera enregistré, publié et inséré au *Bulletin officiel* de la Colonie.

Baron DARRICAU.

Par le Gouverneur:

Le Directeur de l'Intérieur,
CH. DE LAGRANGE.

Contrat.

La société J. Moreau et C°, dite Société de Crédit Agricole, offre à l'Administration de concourir à l'introduction des immigrants Indiens dans la Colonie, en se chargeant, aux conditions suivantes, des opérations spécifiées ci-après :

1° La Société sera chargée de suivre les effets des adjudications auxquelles il va être procédé à Saint-Denis pour toutes les opérations relatives à la réception et au transport des engagés à la Réunion ;

2° Elle recevra des adjudicataires les contingents dirigés sur la Colonie et leur paiera d'après les stipulations et en la forme convenues, les sommes qui leur seront dues, en vertu de leur marché.

3° Elle se chargera en outre des détails de toute nature qui précèdent la livraison des immigrants aux engagistes, c'est-à-dire du débarquement, de la fourniture des vêtements règlementaires, de l'approvisionnement du Lazaret et des lieux d'isolement, de la solde du personnel affecté à ces établissements.

Toutes ces diverses dépenses dont la Société devra justifier formeront, en y ajoutant le compte de l'adjudicataire, le prix de revient des immigrants de chaque convoi ;

4° La Société ne faisant pas de bénéfices, il sera, conformément à ses statuts, ajouté au prix de revient, l'appoint nécessaire pour couvrir ses charges, pour l'indemniser de ses avances vis-à-vis des non-actionnaires, pour enfin constituer un fonds de réserve général destiné à niveler le prix de cession ;

Le prix de revient sera arrêté par l'Administration sur les documents fournis par la Société ;

5° L'Administration continuera à recevoir les demandes de travailleurs en la forme établie ou à établir par les règlements ;

6° A l'arrivée de chaque convoi, les immigrants seront remis à l'Administration qui en fera opérer la réception et la répartition, conformément aux dispositions des arrêtés en vigueur.

Toutefois la Société devra prêter son concours à l'Administration pour les diverses opérations et notamment pour la formation des lots. Il est bien entendu que les actionnaires n'auront ni quant au prix ni quant au choix des hommes aucun droit de préférence sur les non-actionnaires;

7° La livraison ne sera opérée entre les mains des engagistes qu'autant que ceux-ci exhiberont le Bon à délivrer de la Société, celle-ci restant libre de prendre avec eux, quant au paiement de la cession du contrat, tous les engagements particuliers que ses statuts autorisent;

8° La Société, en tant que compagnie d'immigration, s'interdit toute répartition de dividende. Elle s'engage à n'employer ses ressources qu'au seul profit des intérêts généraux qu'elle se donne mission de servir;

9° Ses opérations seront surveillées par un Commissaire du Gouvernement nommé ad-hoc par M. le Gouverneur.

Ce Commissaire aura le droit d'assister aux délibérations du Conseil d'administration de la Société. Il lui sera loisible de se faire représenter en tout temps les livres de comptabilité et de correspondance. Il signalera au Directeur de l'intérieur les faits qui lui paraîtraient de nature à être portés à la connaissance de l'Administration.

10° La durée du présent contrat sera de trois années. Il sera rompu de droit en cas d'inexécution d'une des clauses qui précèdent.

11° Les frais de timbre et d'enregistrement du présent contrat sont à la charge de la Société de Crédit Agricole.

Saint-Denis, le 18 juillet 1862.

Signé J. MOREAU ET Cⁱᵉ.

Approuvé en séance du Conseil privé, le 19 août 1862.

Le Gouverneur,
Baron DARRICAU.

Par le Gouverneur :

Le Directeur de l'Intérieur,
CH. DE LAGRANGE.

N° 1223. — *ARRÊTÉ qui nomme le Contrôleur colonial Commissaire du Gouvernement près de la Société de Crédit agricole.*

Du 19 Août 1862.

NOUS GOUVERNEUR DE L'ILE DE LA RÉUNION,

Vu notre arrêté en date du 19 août 1862, concernant l'intervention de la Société de Crédit agricole dans les opérations d'im igration, ensemble le contrat annexé au dit arrêté ;
Sur le rapport du Directeur de l'intérieur,

AVONS ARRÊTÉ ET ARRÊTONS :

Art. 1er. Monsieur le contrôleur Colonial est nommé Commissaire du Gouvernement près de la Société de Crédit agricole.

2. Le Commiss ire du Gouvernement a le droit de porter ses investigations sur tous les actes de la Société concernant l'immigration.

3. Il assistera aux délibérations du conseil d'administration et aux réunions d'actionnaires.

4. Il signalera à M. le Directeur de l'intérieur tous les faits qui lui paraîtront de nature à être portés à la connaissance de l'Administration.

5. Le Directeur de l'intérieur est chargé de

l'exécution du présent arrêté, qui sera publié et déposé au Contrôle.

Saint-Denis, le 19 août 1862.

Baron DARRICAU.

Par le Gouverneur:

Le Directeur de l'Intérieur,

CH. DE LAGRANGE.

N° 1224. — Par arrêté du Gouverneur, rendu en Conseil privé le 19 août 1862, le sieur Leclerc (Anaclet), propriétaire à Saint-Benoit, a obtenu la concession d'un volume d'eau de deux mille litres à la seconde, à prendre dans la Rivière des Marsouins (commune de St-Benoit).

N° 1225. — *ORDRE qui informe les divers corps de la garnison, de l'ouverture de la convalescence militaire de Saint-François et des dispositions à faire pour l'envoi à y faire des convalescents.*

Du 26 Août 1862.

LE GOUVERNEUR DE L'ILE DE LA RÉUNION

Informe MM. les Chefs des différents corps de la garnison, de l'ouverture de la convalescence militaire de Saint-François.

Pour l'exécution, sans difficulté, et le plus économiquement possible, de l'article 3 de l'arrêté du 19 octobre 1855, MM. les Chefs des corps autres que l'Infanterie de Marine, qui auront à envoyer des militaires à Saint-François devront en donner avis à l'avance à M. le Commandant d'infanterie de marine, chargé de l'administration de l'établissement, et à se concerter avec lui, en ce qui concerne le nombre de lits à occuper, le jour du départ des malades et le transport à opérer, toujours autant que possible, par un seul et même convoi.

Tous les hommes envoyés à la convalescence devront être munis de billets d'admission émanant de l'Administration des corps auxquels ils appartiennent et visés par l'officier de santé aide-major, ou remplissant ces fonctions près de chaque corps, ou du commissaire de l'hôpital à Saint-Denis, lorsqu'il s'agira d'hommes évacués du dit établissement.

A Saint-Denis, le 26 août 1862.

Baron DARRICAU.

Par le Gouverneur :

L'Ordonnateur,

DESMAZES.

N° 1226. — *MERCURIALE des denrées et productions coloniales, d'après laquelle la Douane aura à percevoir les droits de sortie pendant le mois d'août 1862.*

NATURE DES DENRÉES ET DES PRODUCTIONS DE L'ILE DE LA RÉUNION.	ESPÈCE des unités.	PRIX.	
Denrées coloniales.		F.	C.
Café...........................	les 100 kil.	160	»
Cacao..........................	id.	100	»
Épices diverses.. { Pimens.... / Ravensara .	id.	100	»
Girofle (clous de)............	id.	60	»
Girofle (griffes de)..........	id.	15	»
Macis..........................	id.	225	»
Muscades.......................	id.	100	»
Miel de toute sorte............	le litre	1	75
Vanille........................	le kilogram.	22	»
Sucre premier type.............	les 100 kil.	55	»
Sucre deuxième type............	id.	49	»
Sucre troisième type...........	id.	24	»
Pommes de terre et oignons.....	id.	15	»
Légumes secs...................	id.	25	»
Produits industriels.			
Chocolat.......................	id.	250	»
Huile essentielle de girofle...	le litre	3	»
Sacs de vacoa..................	les 100 sacs	20	»

Fait à Saint-Denis, le 28 juillet 1862.

Les Membres de la Commission présents,

Signé : BRIENNE, directeur, CARTIER, GAMIN, BERTHO, HUSSON et LHUILLIER.

Approuvé en séance du Conseil privé, le 28 juillet 1862.

Le Gouverneur,
Baron DARRICAU.

Par le Gouverneur :

Le Directeur de l'Intérieur,
CH. DE LAGRANGE.

N° 1227. — *MERCURIALE des marchandises étrangères, d'après la-quelle la Douane aura à percevoir les droits d'entrée pendant le mois d'août 1862.*

DÉSIGNATION DES MARCHANDISES.	UNITÉS.	PRIX.	DROITS	
			par navires français.	par navires étrangers.
		f. c.		
Tortues { des Séchelles....	Le kilog.	75	exempt	10 °/₀
Tortues { de Madagascar...	La tête	1	Id.	Id.
Gibier, volailles..........	Id.	1 25	Id.	Id.
Dindons et poules d'Inde..	Id.	5	Id.	Id.
Oies...................	Id.	4	Id.	Id.
Canards...............	Id.	2	Id.	Id.
Laine en masse pour matelas	Le kilog.	2	20 °/₀	30 °/₀
Nattes — de jonc et d'écorce......	La pièce	3	6 °/₀	10 °/₀
Nattes — pour { en rotin.... parquets {	Le m. carré	6	Id.	Id.
Nattes — parquets { en bambou...	Id.	4	Id.	Id.
Nattes — Persien- { en rotin.....	Id.	6	6 °/₀	Id.
Nattes — nes.... { en bambou...	Id.	4	Id.	Id.
Nattes — fines................	La pièce	2	Id.	Id.
Nattes — communes............	Id.	1	Id.	Id.
Vannerie. — Paniers en rotin à linge................	Id.	12	Id.	Id.
Chaudières de fonte et de potin................			15 °/₀	25 °/₀
Moulins à égrener.........			Id.	Id.
Pompes en bois non garnies.			Id.	Id.
Voitures { riches..... à quatre roues {	Id.	3500	20 °/₀	30 °/₀
à quatre roues { ordinaires.	Id.	2500	Id.	Id.
Cabriolets { riches.........	Id.	1500	Id.	Id.
Cabriolets { ordinaires.....	Id.	1000	Id.	Id.
Objets de collection.......	Id.		1 °/₀	2 °/₀
Babarets en bois laqué, avec dessins en or, du Japon.	Id.		12 °/₀	prohib.
Balais en crins de coco, manche bambou.........	La douzaine	18	Id.	Id.
Bateaux chinois, en racine de bambou, avec sculptu-res représentant person-nages................	La pièce	30	Id.	Id.
Bateaux en ivoire, représen-tant les bateaux de plai-sance des Chinois........	Id.	100	Id.	Id.
Bandèges en bambou peint.	Le jeu de 3	9	Id.	Id.
Boîtes à whist et { 1re qualité jetons en ivoi- {	La boîte	50	Id.	Id.
re sculpté.... { 2e idem.	Id.	20	Id.	Id.
Boîtes en bois rouge, la-quinées, avec sculptures (petites ou moyennes)...	Id.	15	Id.	
Boîtes de coquilages......	Id.	5	Id.	
Boîtes à insectes, cadre en verre, contenant toutes				Id. Id

DÉSIGNATION DES MARCHANDISES.	UNITÉS.	PRIX.	DROITS	
			par navires français.	par navires étrangers.
		f. c.		
sortes d'insectes.........	La boîte		12 °/₀	prohib.
Boîtes recouvertes d'un tissu de soie, contenant peintures, pinceaux, etc.......	Id.	15	Id.	Id.
Boîtes jeux d'enfants, en carton ou bois peint, contenant petits instruments en cuivre, etc..........	Id.	12 50	Id.	Id.
Boîtes à mouchoirs, en bois laqué, dessins de personnages et de fleurs en or...	Id.	15	Id.	Id.
Boîtes à thé en bois laqué, dessins, etc. — ordinaires.		10		
à 2 compartiments, riches...	Id.	35	Id.	Id.
à 4 compartiments.	Id.	50	Id.	Id.
Boîtes à ouvrage, en bois laqué, dessins en or sur or, garnis en ivoire ou en os.	Id.	60	Id.	Id.
Boîtes communes à ouvrage.	Id.	20	Id.	Id.
Boîtes à cigares, en bois laqué, dessins en or sur or, l'intérieur garni d'une boîte en plomb..........	Id.	6	Id.	Id.
Boîtes à jeu, en bois laqué, dessins en or sur or......	Id.	45	Id.	Id.
Boîtes à tabac à fumer, en cuivre, avec incrustations de nacre du Japon.......	Id.	20	Id.	Id.
Boîtes à priser, en cuivre, avec incrustations de nacre du Japon..............	Id.	20	Id.	Id.
Boîtes à francs-maçons, cadres en bois avec incrustations de nacre du Japon..	Id.	60	Id.	Id.
Albums — de 12 feuilles....		18	Id.	Id.
de 24 feuilles....		30	Id.	Id.
Boîtes contenant 10 tasses en bois, bois laqué, servant de tasses à thé, avec incrustations de nacre du Japon...............	Id.	30	Id.	Id.
Bonnets de mandarins, toques en velours, garnis en soie, boutons de diverses couleurs..............	La pièce	5	Id.	Id.
Cabarets en laque rouge...	Id.	10	Id.	Id.
Cabinets pour enfants, petites armoires à tiroirs, en				

DÉSIGNATION DES MARCHANDISES.	UNITÉS.	PRIX.	DROITS	
			par navires français.	par navires étrangers.
		f. c.		
bois laqué, avec dessins en or...............	La pièce	40	12 %₀	prohib.
Cages à oiseaux en rotin très fin imitant le fil de fer....	Le jeu de 4	10	Id.	Id.
Chapelets noirs faits en noix de coco du Japon........	La pièce	10	Id.	Id.
Cahiers en ivoire, peints, représentant figures et costumes chinois..........				Id. Id.
Casse-têtes, en bois de sandal, en os ou en ivoire...	Id.	3	Id.	
Cassettes incrustées de pierres de Nankin, représentant des personnages, etc....	Id.	125	Id.	Id.
Colliers en bois de sandal..	Le kilog.	20	Id.	Id.
Corbeilles à pain, en bois laqué, avec dessins en or............... { laque noire.	Le jeu de 3	12	Id.	Id.
{ laque rouge.	Id.	23	Id.	Id.
Couverts chinois, composés du couteau, des 2 bâtons et de cure-dents en os ou en ivoire...............	La pièce	2 50	Id.	Id.
Couteaux à beurre, en ivoire ou en nacre, manche sculpté...............	Id.	7 50	Id.	Id.
Cuillers à thé, en bois laqué, avec incrustations en nacre du Japon.........	Id.	1	Id.	Id.
Cuillers à moutarde, en nacre ou en ivoire........	Id.	2	Id.	Id.
Echiquiers en bois laqué, dessins en or sur or......	Id.	12 50	Id.	Id.
Ecrans en plumes coloriées et à manche d'ivoire......	Id.	6	id.	Id.
Ecrans en tissus de soie, manche en ivoire sculpté.	Id.	10	Id.	Id.
Encre chinoise............	Les 6 bât.	5	Id.	Id.
Encriers en bois laqué, avec dessins en or..........	La pièce	10	Id.	Id.
Enseignes en bois laqué, avec dessins en or......	Id.	200	Id.	Id.
Etuis en ivoire sculpté, représentant personnages. { petits..	id.	1	Id.	Id.
{ grands.	Id.	5	Id.	Id.
Eventails de toutes sortes, avec dessins en or sur or. { en os.....	Id.	5	Id.	Id.
{ en plumes.	Id.	3	Id.	Id.
{ en laque..	Id.	12	Id.	Id.
{ en sandal.	Id.	15	Id.	Id.
{ en ivoire..	Id	20	Id.	Id

DÉSIGNATION DES MARCHANDISES.	UNITÉS.	PRIX.	DROITS	
			par navires français.	par navires étrangers.
Feuilles de bétel peintes et représentant fleurs, oiseaux, personnages, etc.	La boîte	f. c. 6	12 %	prohib.
Feuilles de papier de riz peintes, représentant fleurs, oiseaux, personnages, etc.	Le c. de 12 f.	25	Id.	Id.
Fiches en ivoire et en nacre.	Le jeu	50	Id.	Id.
Fleurs en ivoire..........	La d. de pots	75	Id.	Id.
Jeux d'échecs en ivoire ou en os, simples, non montés sur boules..........	Le jeu	15	Id.	Id.
Jeux d'échecs en ivoire, montés sur boules en ivoire les unes dans les autres.	Id.	80	Id.	Id.
Jeux d'échecs en ivoire (1ʳᵉ grandeur), dits montres.	Id.	400	Id.	Id.
Jeux de fiches en nacre, avec dessins imprimés ou sculptés....................	Id.	25	Id.	Id.
Jeux de bagues en os ou en ivoire.................	Id.	3	Id.	Id.
Jeux diablotins en os ou en ivoire.................	Id.	3	Id.	Id.
Joss-tick, allumettes composées de sciure de bois et colle de fiente de vache ..	Le kilog.	2 50	Id.	Id.
Joss-tick à odeur sandal, allumettes composées de sciure de bois de sandal et colle de fiente de vache..	Id.	5	Id.	Id.
Instruments de musique (espèce de guitare).........	La pièce	4	Id.	Id.
Espèce de fauteuils à tiroirs en bambou.............	Id.	30	Id.	Id.
Lanternes chinoises en tissu de soie extrêmement léger, peintures diverses....... carrées.	Id.	20	Id.	Id.
Lanternes chinoises en tissu de soie extrêmement léger, peintures diverses....... rondes.	Id.	5	Id.	Id.
Malles en carton, composition carton peint et verni imitant le cuir..........	Le jeu de 5	40	Id.	Id.
Malles de camphre, en bois de camphre, recouvertes en cuir, pour la conservation des habits et du linge...................	Id.	200	Id.	Id.
Malles de camphre, en bois de camphre, avec coins en cuivre, sans cuir.........	Id.	150	Id.	Id.

DÉSIGNATION DES MARCHANDISES.	UNITÉS.	PRIX.	DROITS	
			par navires français.	par navires étrangers.
		f. c.		
Mousse du Japon.........	Le kilog.	15	12 %.	prohib.
Paniers en écaille travaillée à jour............... ..	La pièce	70	Id.	Id.
Paniers à linge, en petit rotin fendu en plusieurs parties..................	Le jeu de 3	30	Id.	Id.
Parapluies chinois en papier peint et huilé, manches bambou............... ..	La pièce	3	Id.	Id.
Paravents, bordure en laque, fond en papier... .	Id.	60	Id.	Id.
Petits bateaux faits en noix de coco, et représentant les bateaux des Tancadaires......	Id	5	Id.	Id.
Peignes en écaille (grands et petits).............	Id.	5	Id.	Id.
Petits magots en pierre tendre et propres à détacher la soie......'...........	Id.	2	Id.	Id.
Petits animaux en plâtre peint...................	Les mille	50	Id.	Id.
Petits garde-manger, l'extérieur garni de paille du Japon...................	La pièce	25	Id.	Id.
Persiennes en rotin très fin, dessins de toutes sortes..		4	Id.	Id.
Peintures sur papier de riz.	La feuille	2 50	Id.	Id.
Petits plateaux pour bouteilles, en bois laqué, dessins en or...............	La pièce	2	Id.	Id.
Pipes chinoises, tuyaux en bambou et rotin, pipes composition étain, cuivre, etc...................	Id.	2	Id.	Id.
Plateaux pour plats, en rotin tissé très fin........	Le jeu de 4 ou 5	5	Id.	Id.
Plateaux pour plats, en bois laqué avec dessins en or sur or................	Id.	60	Id.	Id.
Porte-cartes de visites en écaille imprimée et incrustée, intérieur garni en soie...................	La pièce	10	Id.	Id.
Porte-cartes de visites en ivoire sculpté..........	Id.	10	Id.	Id.
Porte-cartes de visites en nacre plaquée et incrustée.	Id	5	Id.	Id.
Porte-cartes en laque, avec dessins en or sur or......	Id		d.	Id

DÉSIGNATION DES MARCHANDISES.	UNITÉS.	PRIX.	DROITS	
			par navires français.	par navires étrangers.
Porte-montres en bois laqué et dessins or sur or......	Le jeu de 4 ou 5	8	12 %	prohib.
Porte-joss-tick, sorte de bateaux en bois laqué contenant allumettes, intérieur garni de plomb.........	Id.	3	Id.	Id.
Porte-éventails en carton, extérieur garni en soie brodée...............	Id.	2	Id.	Id.
Porte-tabac en carton, extérieur garni en soie brodée...............	Id.	5	Id.	Id.
Porte-cigares { communs.	La pièce	3	Id.	Id.
Porte-cigares { fins.......	Id.	10	Id.	Id.
Poupées représentant des petits Japonais.........	Id.	5	Id.	Id.
Pupitres en bois laqué, dessins en or sur or.. { pour dames..	Id.	30	Id.	Id.
Pupitres en bois laqué, dessins en or sur or.. { pour hommes.	Id.	50	Id.	Id.
Pupitres en bois de racine, garniture extérieure en cuivre.................	Id.	60	Id.	Id.
Sacoches en ivoire, porte-flacons d'odeurs sculptés à jour....	Id.	20	Id.	Id.
Semainiers en ivoire, travaillés à jour et sculptés..	Id.	100	Id.	Id.
Semainiers en bois de sandal, avec incrustations riches.................	Id.	75	Id.	Id.
Semainiers en bois laqué avec incrustations riches.	Id.	12 50	Id.	Id.
Souliers chinois imitant les pieds des femmes chinoises, faits en plâtre et recouverts de soie.........	La paire	5	Id.	Id.
Tables en bambou........	Le jeu de 6	10	Id.	Id.
Tabatières en écaille, avec incrustations représentant personnages............	La pièce	30	Id.	Id.
Tables-guéridons en bois laqué, dessins or sur or. Les tables entrent les unes dans les autres.........	Le jeu de 4	50	Id.	Id.
Tables à échiquier, avec dessins or très riches, garnies de nacre, pour les jetons..	La pièce	225	Id.	Id.
Tables à thé, en bois laqué, dessins en or sur or......	Id.	60	Id.	Id.

DÉSIGNATION DES MARCHANDISES.	UNITÉS.	PRIX.	DROITS par navires français.	par navires étrangers.
		f. c.		
Tables à ouvrage, en bois laqué, dessins or sur or..... 1re qualité.	La pièce	175	12 %	prohib.
2e idem..	Id.	100	Id.	Id.
Tableaux, intérieurs chinois, peintures sur toile représentant personnages, etc...................	Id.	20	Id.	Id.
Tableaux, vues de Canton, Macao, Boca, Tigris, etc., peintures sur toile.......	Id.	20	Id.	Id.
Tableaux, paysages chinois.	Id.	20	Id.	Id.
Tableaux sur verre, encadrement en bois sculpté..	Id.	10	Id.	Id.
Tableaux en paille de couleur, cadres en bois laqué du Japon..............	Id.	125	Id.	Id.
Vide-poches en écaille ou ivoire, sculptés à jour....	La paire	30	Id.	Id.
Toiles et percales blanches et écrues.... Conjons Nos 14	La pièce de 31 à 33 mètres et au-dessous.	22	20 %	id.
16		22	Id.	Id.
18 et 19		22	Id.	Id.
23		30	Id.	Id.
26		30	Id.	Id.
30		40	Id.	Id.
36		50	Id.	Id.
Ecrues......	La p. de 15 à 16 m.	7	Id.	Id.
Filature blanche et écrue..	Id.	6	Id.	Id.
Salem-poor.............	Id.	7	Id.	Id.
Percale bleue, dite *sandercana*..................	La p. de 8m et au-dessous.	4 50	Id.	Id.
Percale bleue ordinaire....	sous.		Id.	Id.
Toiles à carreaux..........	La p. de 15 à 16 m.	5	Id.	Id.
Mouchoirs dits *burgos*.....	La p. de 8m.	2	Id.	Id.
Pantalons et chemises de toile grossière, servant au vêtement des travailleurs.	La pièce	1 50	Id.	Id.
Toiles à voiles, de coton...	Le mètre	0 70	Id.	Id.
Guinées ou toiles bleues { Filature.....	La p. de 15 à 16 m.	12 50	12 %	Id.
Salem......	Id.	8	Id.	Id.
Oréarpoléon.	Id.	8	Id.	Id.
Conjons.....	Id.	10	11	Id.
Meubles.. { Fauteuils à dossier renversé, de Pondichéry.	La pièce	20	10 %	Id.
Fauteuils droits	Id.	15	Id.	Id.
Chaises........	Id.	6	Id.	Id.

DÉSIGNATION DES MARCHANDISES.	UNITÉS.	PRIX.	DROITS	
			par navires français.	par navires étrangers
		f. c.		
Tabourets................	La pièce	4	10 %.	prohib.
Jouets d'enfants..........	Id.		Id.	Id.
Pantoufles de Pondichéry..	La paire	40	12 %.	Id.
Peaux { de cabri de Pondichéry........	Les 100	75	6 %.	
de mouton de Pondichéry........	Id.	43	Id.	

Fait à Saint-Denis, le 28 juillet 1862.

Les Membres de la Commission présents ,

Signé : BRIENNE, directeur, CARTIER, GAMIN, BERTHO, HUSSON et LUUILLIER.

Approuvé en séance du Conseil privé, le 28 juillet 1862.

Le Gouverneur,
Baron DARRICAU.

Par le Gouverneur :

Le Directeur de l'Intérieur,
CH. DE LAGRANGE.

N° 1228. — NOMINATIONS, PROMOTIONS ET MUTATIONS.

Évêché.

— Par dépêche, en date du 4 juillet 1862, n° 306, S. Exc. le Ministre de la Marine et des colonies informe l'Administration de la Colonie qu'il a accordé à M. l'abbé Naninck, prêtre de la Réunion, une prolongation de congé de trois mois.

— Par dépêche ministérielle, en date du 19 juillet 1862, n° 332, le congé de convalescence accordé à M. l'abbé Marcotte a été approuvé.

Administration Militaire.

— Par arrêté du Gouverneur, en date du 13 août 1862, M. Meuriot (François), ex sous-officier d'infanterie de Marine, a été nommé adjudant-major de la milice de Saint-Benoit.

— Par arrêté du Gouverneur, en date du 13 août 1862, M. Gamin (Armand), capitaine d'artillerie, a été nommé chef de bataillon commandant de la milice de Saint-Denis.

— Par arrêté du Gouverneur, en date du 19 août 1862, M. Trouette (Eugène), lieutenant, a été nommé capitaine dans la milice de Saint-Benoit.

— Par arrêté du Gouverneur, en date du 19 août 1862, M. Lacarre, capitaine, a été nommé capitaine adjudant-major de la milice de Saint-Joseph.

— Par arrêté du Gouverneur, en date du 19 août 1862, ont été nommés dans la milice de Saint-Paul :

Au grade de Capitaine :

MM. Kanval (Théodore), lieutenant ;
Biberon (Louis), lieutenant.

Au grade de Lieutenant :

MM. Barrois (Charles,, sous-lieutenant ;
Chandemerle (Alfred), sous-lieutenant.

Au grade de Sous-Lieutenant :

Marignac (Jules), sergent;
Chandemerle (Amédée), sergent.

— Par arrêté du Gouverneur, en date du **22** août 1862, M. Droutin, capitaine d'infanterie de Marine, a été nommé juge au 1er Conseil de guerre.

— Par arrêté du Gouverneur, en date du **22** août 1862, ont été nommés au 2e Conseil de guerre, pour l'affaire du nommé Lourjen seulement : commissaire impérial, M. Outré, capitaine-major d'infanterie de Marine; juge, M. Revest, lieutenant d'infanterie de Marine.

— Par arrêté du Gouverneur, en date du **22** août 1862,

M. Thomas, chef d'escadron d'artillerie de Marine, a été nommé président du Conseil de révision;

M. Merlin, chef de bataillon du génie, a été nommé président du 2e Conseil de guerre;

M. Quinel, capitaine, commandant la 4e compagnie disciplinaire, a été nommé juge au Conseil de révision.

Administration de la Marine.

— Par décision ministérielle du 17 juillet 1862, la démission de M. Lamendour (Eugène), commis de la Marine du cadre de la Réunion, est acceptée.

— Par dépêche ministérielle du 17 juillet 1862, M. Coquerel (Jean-Charles), chirurgien de 1re classe de la Marine, est destiné à remplacer à la Réunion M. Villette, chirurgien principal, appelé à continuer ses services comme second médecin en chef au Sénégal.

— Par dépêche ministérielle du 17 juillet 1862, le congé de convalescence accordé à M. Monestier, chirurgien auxiliaire de 2ᵉ classe à Mayotte, est approuvé, avec séjour à la Réunion et avec solde sur le pied colonial.

— Par décision ministérielle du 25 juillet 1862, une prolongation de congé de convalescence de trois mois est accordée à M. Bédier, sous-commissaire de la Marine.

— Par décision ministérielle du 26 juillet 1862, ont été promus au grade de commis entretenu du Commissariat de la Marine : MM. Petit d'Hésincourt et Ravin, écrivains attachés au service de la Réunion.

— Par dépêche ministérielle du 26 juillet 1862, MM. Mahé de la Villeglé et Barret, écrivains du Commissariat de la Marine, actuellement employés dans la Métropole, sont destinés à continuer leurs services à la Réunion.

Administration de l'Intérieur.

— Par décision ministérielle en date du 1ᵉʳ juillet 1862,

MM.

Côte, sous-inspecteur de 2ᵉ classe des douanes, est promu à la 1ʳᵉ classe de son grade ;

Jehan, vérificateur de 2ᵉ classe, est nommé vérificateur de 1ʳᵉ classe ;

Houpiart-Dupré, vérificateur de 2ᵉ classe, est nommé vérificateur de 1ʳᵉ classe ;

Loizeau, vérificateur de 3ᵉ classe, est nommé vérificateur de 2ᵉ classe ;

D'Ayzac, vérificateur de 3ᵉ classe, est nommé vérificateur de 2ᵉ classe ;

Caire, vérificateur de 3ᵉ classe, est nommé vérificateur de 2ᵉ classe ;

MM.

Ozoux, commis principal de 2e classe, est promu à la 1re classe de son grade ;

Duparchy, commis, est nommé commis principal de 2e classe ;

Philippe Davilmar, est nommé commis de 1re classe.

— Par dépêche en date du 4 juillet 1862, n° 526, S. Exc. le Ministre de la Marine et des colonies informe l'Administration qu'il approuve le congé de convalescence accordé à M. Lychossy, préposé-surveillant de distillerie, et qu'il en a fixé la durée à 3 mois.

— Par dépêche en date du 19 juillet 1862, n° 333, S. Exc. le Ministre de la Marine et des colonies informe l'Administration qu'il approuve le congé de convalescence accordé à M. Domengé, maître élémentaire au Lycée de la Réunion, et qu'il en a fixé la durée à 3 mois.

— Par dépêche en date du 22 juillet 1862, n° 338, S. Exc. le Ministre de la Marine et des colonies informe l'Administration qu'il approuve le congé de convalescence accordé à M. Oudin, économe du Lycée de la Réunion, et qu'il en a fixé la durée à 3 mois.

— Par arrêté du Gouverneur en date du 1er août 1862, M. Roulmann, commis à la Direction de l'intérieur, a été réintégré dans ses fonctions à compter du 1er du même mois.

— Par arrêté du Gouverneur en date du 18 août 1862,

MM. Bénard (Eugène),
    Perrault (Frémicourt),
    Beauvoir (Fortuné),

Ont été nommés membres de l'Agence municipale de la Plaine des Palmistes en remplacement de MM. Biberon et Maingard, démissionnaires.

— Par arrêté du Gouverneur, en date du 19 août 1862, MM. Béraud, notaire, Milhet de Fontarabie, docteur en médecine, et Audier, pharmacien de la Marine, ont été nommés membres du Comité d'instruction publique de Saint-Paul, en remplacement de MM. Léo de Lanux, Ribout et Jules Hoareau-Laroche qui ont cessé de résider dans la commune.

— Par arrêté du Gouverneur, en date du 21 août 1862, M. Piet (Séverin), ex-brigadier des Eaux et Forêts, a été nommé préposé-surveillant de distillerie, en remplacement de M. Breden.

— Par arrêté du Gouverneur, en date du 23 août 1862, M. Wilmann (Améry), syndic des Immigrants près de la Justice de Paix de Saint-Louis, est appelé aux mêmes fonctions à Saint-Paul, en remplacement de M. Dizac, dont la démission est acceptée.

— Par arrêté du Gouverneur, en date du 23 août 1862, un congé sans solde dans la Colonie, pour affaires personnelles, est accordé à M. Ferrand, conducteur des Ponts-et-Chaussées.

— Par arrêté du Gouverneur, en date du 26 août 1862, M. Coulon (Edouard) est nommé syndic des Immigrants près de la Justice de Paix de Saint-Louis, en remplacement de M. Wilmann, passé à la résidence de Saint-Paul.

— Par arrêté du Gouverneur, en date du 28 août 1862, la démission offerte par M. Claude, de son emploi d'écrivain temporaire à la Direction de l'intérieur, est acceptée.

— Par décision du Directeur de l'intérieur, en date du 30 août 1862, M. Payet (Denis), conducteur des Ponts-et-Chaussées, à la résidence de Saint-Louis, sera chargé du service de la circonscription de Saint-Paul pendant la durée du congé accordé à M. Ferrand;

M. Falecker passera à la circonscription de Saint-Louis, en remplacement de M. Payet;

Provisoirement et jusqu'à ce que les exigences du service permettent à M. Falecker de quitter son poste actuel, M. Merlo, en résidence à Saint-Pierre, sera chargé du service de la circonscription de Saint-Louis.

M. E. Payet, employé secondaire en résidence à Saint-Pierre, passera à la résidence de Saint-Paul, en remplacement de M. Jules Ferrand, agent temporaire, qui a quitté le service.

Administration de la Justice.

— Par arrêté de S. Exc. le Ministre de la Marine et des colonies, du 14 juillet 1862, M. Barrois (Pierre-Charles) a été nommé greffier de la Justice de Paix de Saint-Paul, en remplacement de M. Wislez, démissionnaire.

— Par délibération du Tribunal de 1re instance de Saint-Denis, en date du 26 août 1862, visée par le Gouverneur le 27, M. Toyon a été nommé commis-greffier au dit Tribunal.

— Par arrêté du Gouverneur, du 29 août 1862, enregistré le lendemain à la Cour Impériale, MM. Boullay, chef du service des Contributions, et Savignon (Antoine) propriétaire ont été nommés assesseurs de l'arrondissement du Vent, en remplacement de MM. Roux et Champierre de Villeneuve (Pierre), partis pour la France.

Certifié conforme:

Le Contrôleur colonial,

Desrobert.